D1629188

CONTENTS

INTRODUCTION

L'analyse fondamentale est l'une des principales méthodes d'analyse utilisées dans le trading, la bourse et l'économie pour évaluer la valeur intrinsèque d'un actif financier, telle qu'une action ou une devise. Cette méthode d'analyse se concentre sur l'étude des fondamentaux économiques et financiers de l'entreprise ou de l'économie sous-jacente, tels que les revenus, les bénéfices, les ratios financiers, les conditions macroéconomiques, la politique monétaire et fiscale, entre autres.

L'analyse fondamentale cherche à évaluer la valeur intrinsèque d'un actif et à déterminer si l'actif est sous-évalué ou surévalué par rapport à son prix actuel sur le marché. Les analystes fondamentaux utilisent une variété de méthodes pour évaluer la valeur d'un actif, y compris les modèles d'évaluation, les ratios financiers, les données macroéconomiques, les rapports d'analystes et les nouvelles économiques et financières.

Les investisseurs qui utilisent l'analyse fondamentale cherchent à identifier des opportunités de trading en recherchant des actifs sous-évalués ou surévalués par rapport à leur valeur intrinsèque. Cette méthode d'analyse est particulièrement importante pour les investisseurs à long terme, qui cherchent à investir dans des entreprises solides avec un potentiel de croissance à long terme.

Bien que l'analyse fondamentale ne soit pas une garantie de

succès, elle est largement utilisée par les investisseurs pour identifier des opportunités d'investissement et gérer les risques. Les investisseurs qui utilisent l'analyse fondamentale cherchent à évaluer la santé financière et économique d'une entreprise ou d'une économie et à prendre des décisions d'investissement en conséquence.

INTRODUCTION AUX MARCHÉS FINANCIERS

Cette première partie est un panorama des grands principes de la théorie de l'investissement, elle vous permettra de considérer avec plus de recul les décisions d'investissement que vous serez amenés à prendre.

L'investissement boursier peut être effectué à travers une foule de produits différents. Ces **instruments financiers** sont très nombreux et les financiers en inventent en permanence.

Néanmoins quel que soit la complexité du produit en termes techniques, tous présentent des similarités qui nous permettent d'évaluer avec pertinence leur intérêt en fonction des perspectives d'investissement de chaque personne. Alors qu'**une obligation** à pour objet d'engendrer des revenus réguliers par le biais du coupon dont le montant et les dates de détachement sont fixées à l'avance, **l'action** offre une incertitude sur le montant des dividendes futurs ainsi qu'un risque d'effritement de la valeur d'actif qui lui est attachée.

En fait tous les produits financiers peuvent être caractérisés par deux paramètres importants qui sont le risque et la rentabilité, ce couple est indissociable et très fortement corrélé. Un rendement élevé étant souvent synonyme de risque important et vice versa.

POURQUOI INVESTIR ?

Qu'est-ce qui motive les particuliers ou les entreprises à investir alors qu'ils pourraient dépenser cet argent immédiatement ? Les réponses instantanées à cette question sont l'épargne, le sentiment de sécurité, l'envie de transmettre d'une génération à une autre...

Une autre raison est le désir d'accroître son patrimoine, c'est à dire de faire croître cet argent. Cette motivation est réelle dans notre vie, le simple fait d'acheter un ticket de loto augmente (très faiblement) la probabilité d'être riche.

Les décisions d'investissement sont donc multiples, chaque personne ou entité a sa propre motivation. Un grand fonds de pension américain, un retraité ou un jeune actif n'auront pas les mêmes motivations, cependant ils se poseront la même question " quel rendement puis-je attendre en fonction du risque que je prends ? ".

Définition du rendement

Le rendement est une mesure de la croissance d'un capital, cette valeur est exprimée en pourcentage, ceci afin de faciliter les comparaisons. Nous exprimons cette valeur pour une unité de temps donnée, nous parlerons ainsi d'un rendement de x% sur un an.

Le rendement d'une action sur une période de temps t pourra être exprimé de la façon suivante :

$$Rt = (Vt+1 - Vt + Dt) / Vt$$

Vt est la valeur de l'investissement en début de période
Vt+1 est la valeur de ce placement en fin de période
Dt sont les dividendes versés au cours de la période

Cette formule très simple permet d'évaluer le rendement d'un placement en actions, cependant ne sont pris en compte que les revenus financiers. Il existe d'autres bénéfices attachés à la possession de cette action comme le droit de vote aux assemblées générales qui eux influent directement sur la valeur du titre (V).

On utilise deux types de moyennes pour mesurer la rentabilité d'un investissement. La moyenne arithmétique vue précédemment, et la moyenne géométrique. Un exemple nous aidera à comparer car les résultats obtenus sont différents :

Exemple

Soit un titre que l'on achète 500 € (V0), la rentabilité la première année est de -50%, et de 100% la seconde.

La moyenne arithmétique des rendements est (100-50)/2 = 25 %

La moyenne géométrique est égale à [(1+(-50))*(1+100)]1/2 = 0 %

Les résultats sont très différents, dans un cas on gagne de l'argent, pas dans l'autre. Étant donné les multiples horizons d'investissement, la moyenne géométrique est le meilleur moyen d'évaluer la croissance du placement. Néanmoins de nombreux modèles statistiques retiennent la moyenne arithmétique.

EXISTENCE D'UNE PRIME DE RISQUE

Si vous aviez investi un dollar en 1925 sur une action américaine de l'indice SP500, votre dollar se serait transformé en 889 dollars 70 ans plus tard. Le même dollar investit dans des obligations d'entreprises américaines vous aurait rapporté 40 dollars.

Cette différence qui se révèle énorme est liée à ce que l'on nomme " la prime de risque ", les risques liés aux actions et aux obligations étant totalement différents. Si on observe les deux courbes, l'une (celle des actions SP500) est beaucoup plus heurtée que l'autre, c'est ce qu'on appelle la volatilité d'un actif financier.

Le risque est bien réel, par exemple entre 1929 et 1939 les actions américaines n'ont pas progressé du tout, la valeur du placement compte tenu de l'inflation était donc négative. Dans le même temps les obligations continuaient tranquillement leur chemin.

L'écart de rendement est donc dû au risque qu'acceptent de prendre ceux qui investissent en actions, par nature plus volatiles que les obligations. Cet écart est appelé " prime de risque ".

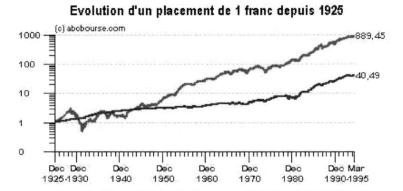

Evolution d'un placement de 1 franc depuis 1925

En règle générale on remarque que les épargnants préfèrent un taux d'intérêt plus bas, mais une sécurité de leur épargne initiale, c'est la notion " d'aversion au risque ".

Le concept de risque est difficile à appréhender, nous aborderons dans des leçons ultérieures les techniques permettant de quantifier ce risque et ainsi de comparer des actifs financiers.

Cette première leçon est volontairement très large sur la théorie de l'investissement, vous aurez pu ainsi vous familiariser avec deux concepts clé de l'investissement boursier qui sont le risque et la rentabilité et ainsi commencer à définir votre " aversion au risque ".

ECONOMIE ET MARCHÉS FINANCIERS

Après une brève introduction sur la **théorie de l'investissement** dans la première leçon, nous allons étudier les grands concepts économiques qui gouvernent les marchés financiers.

Cette leçon qui paraîtra rébarbative aux baroudeurs de la bourse, n'est pourtant pas à négliger par les débutants. La compréhension des mécanismes économiques étant une des clés de l'analyse des marchés.

Cette partie a pour ambition de vous donner les rudiments économiques nécessaires à la compréhension des informations que vous entendez ou lisez dans les journaux sur la situation mondiale. Pourquoi la **réserve fédérale américaine remonte ses taux d'intérêts** ? Quel est l'impact de l'inflation sur les cours de bourse ? etc. Autant de notions qu'il faut connaître pour aborder au mieux l'étude des marchés financiers.

Des paramètres complexes

Nous pouvons analyser le cours de l'action suivant des facteurs dont la classification est concentrique, tout d'abord il y a les qualités propres de la société qui constitue le premier cercle, le plus rapproché. Ensuite cette société fait partie d'un **secteur d'activité** spécifique qui influence son comportement. Et enfin toutes ces données évoluent en fonction de paramètres économiques nationaux puis internationaux.

Les relations entre l'entreprise et son environnement

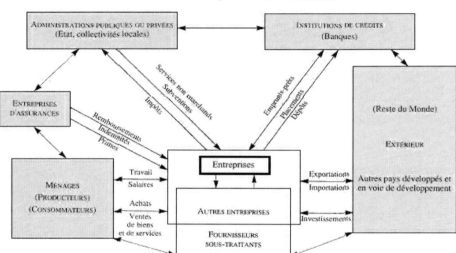

La complexité de l'analyse vient du fait que ces facteurs sont tous interdépendants et que la modification de l'un d'entre eux a des répercussions sur l'ensemble de la chaîne.

Les paragraphes suivants vous proposent donc une vision synthétique des notions économiques élémentaires à connaître pour aborder plus sereinement l'investissement boursier.

Les cycles économiques

L'activité économique est caractérisée par une alternance de phases plus ou moins longues d'expansion et de récession, la croissance économique d'un pays n'est pas linéaire. Ces fluctuations économiques constituent des cycles économiques.

Les cycles économiques et l'inflation

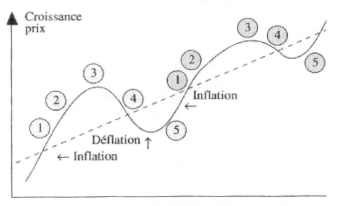

(1) et (2) Périodes d'expansion – inflation
(3) Retournement de tendance
(4) Périodes de récession – déflation
(5) Reprise

La mesure de ces variations de l'activité économique est réalisée par le biais d'indicateurs, le plus utilisé en France étant le Produit Intérieur Brut (PIB).

L'incidence des cycles économiques sur la bourse est particulièrement importante. En phase de croissance les carnets de commande des entreprises sont pleins, leurs chiffres d'affaires et leurs résultats augmentent et par conséquent leur valorisation boursière aussi.

L'essentiel pour l'investisseur étant de détecter la phase du cycle dans laquelle on se trouve et d'anticiper les retournements de cycles. Cette tâche est loin d'être aisée et sa mise en pratique est complexifiée par le fait que la bourse anticipe toutes les informations.

Le moment théoriquement idéal pour investir est situé en fin de phase de récession avant que la reprise ne soit constatée. C'est à ce moment que les investisseurs conscients du retour à moyen terme d'une phase d'expansion commenceront à anticiper cette future croissance. Les cours de bourse se redresseront donc avant que la reprise ne soit visible.

Inflation et déflation

L'inflation se définit comme un phénomène de hausse permanente et généralisée du niveau moyen des prix. En France l'outil de mesure de l'inflation est l'indice INSEE des prix qui mesure de manière mensuelle, l'évolution moyenne des prix à la consommation.

Chaque pays possède ainsi son propre indice qu'il convient de suivre régulièrement. L'indice des prix le plus suivi par les analystes est certainement celui des États-Unis, toute hausse de cet indice étant un signe d'inflation, cela entraîne une peur de durcissement de la politique monétaire des états (augmentation des taux d'intérêts), qui est négative pour les cours de bourse.

En période d'inflation la monnaie perd de sa valeur, les consommateurs voient leur pouvoir d'achat diminuer si leurs revenus n'évoluent pas ou si leurs revenus augmentent moins vite que les prix.

Le comportement typique en cas d'inflation élevée est une fuite devant la monnaie. En effet l'argent perdant de sa valeur chaque jour, les consommateurs réorientent leurs flux monétaires vers des actifs résistant à cette érosion.

Les valeurs mobilières font partie de cette classe d'actifs. Généralement les facturations des sociétés suivent l'inflation ce qui a pour conséquence d'augmenter leurs chiffres d'affaires et de tirer leurs cours de bourse vers le haut.

L'inflation est donc bénéfique sur la valorisation boursière des sociétés, mais il ne faut pas perdre de vue que la progression réelle ne sera pas l'augmentation des cours en valeur absolue mais l'écart d'évolution entre les cours de bourse et l'inflation. Si les cours progressent sur une année de 10% avec une inflation de 5%, la hausse réelle est seulement de 5%.

Le phénomène de déflation qui est l'inverse de l'inflation se traduit par une baisse généralisée des prix. Son incidence sur l'évaluation de la bourse est donc négative.

Les taux d'intérêt

On entend souvent parler de " taux d'intérêts ", qu'ils sont trop hauts ou trop bas, que les autorités monétaires vont les modifier, etc. Cependant on ne cerne pas toujours bien sa définition précise.

Le taux d'intérêt est la rémunération que vous êtes en droit d'attendre pour la renonciation à une consommation immédiate.

En clair cela veut dire que si vous ne dépensez pas instantanément l'argent que vous possédez mais que vous choisissez de le placer, la renonciation à cette utilisation immédiate se traduit par un intérêt que l'on vous sert sur votre placement. Suivant la même logique, plus cette renonciation est longue, plus le taux d'intérêt servi est important.

Taux d'intérêt et inflation sont intimement liés, en effet si vous laissez 10000 euros sur votre compte et que l'inflation annuelle est de 5% alors à la fin de l'année vous aurez toujours ces 10000 euros. Néanmoins en terme de pouvoir d'achat il ne "vaudront" plus que 9 500 euros.

Dans cet exemple, un taux d'intérêt de 5% vous permet juste de conserver votre pouvoir d'achat, il doit être supérieur pour rémunérer votre privation de consommation.

En pratique la corrélation entre taux d'intérêts et inflation est quasi totale, quand l'inflation monte les taux montent également et vice-versa.

INFLUENCE SUR
LA BOURSE

Le niveau des taux d'intérêt est d'une importance capitale pour la valorisation des marchés financiers. Les deux produits majeurs négociés en bourse sont les actions et les obligations. On considère que du fait du niveau de risque plus élevé des actions, celles-ci doivent offrir un rendement plus important que les obligations, c'est la prime de risque que nous avons vu dans la première leçon.

Afin de bien ajuster **le couple rentabilité/risque**, les investisseurs comparent en permanence la **prime de risque** existant entre ces deux actifs financiers et procèdent à des arbitrages entre l'un ou l'autre en fonction du niveau de la prime de risque.

La conséquence d'une hausse des taux d'intérêt entraîne un meilleur rendement des obligations et réduit par-là même le niveau de la prime de risque, les investisseurs se détournent alors des actions pour se placer sur les produits obligataires.

En conclusion il faut retenir qu'une augmentation des taux d'intérêt est négative pour les marchés actions, la baisse des taux les favorisant.

On comprendra facilement pourquoi le président de la FED a autant d'impact. La FED est une institution indépendante du gouvernement des États Unis, elle est la représentante les banques.

Ainsi chaque fois que Jerome Powell (le président) prononce un discours, on constate instantanément des mouvements qui peuvent être violents sur les indices boursiers en fonction de ses phrases. Les marchés spéculent même sur ses prochains discours et sur les décisions qu'il serait amené à prendre.

De même, chaque fois que le Dow Jones avait tendance à consolider ses gains, ce président tout puissant venait annoncer qu'il baissait les taux, et la bourse repartait de l'avant immédiatement.

LES TAUX DE CHANGE

Depuis 1971 et la mise en place du système de change flottant, **les devises des différents pays** fluctuent librement en fonction de la loi de l'offre et de la demande. L'arrivée de l'Euro a singulièrement simplifié le problème des changes en liant entre elles plusieurs monnaies. Désormais les monnaies couramment traitées sur les marchés sont peu nombreuses, on trouve surtout le Dollar, le Yen, l'Euro, la Livre Sterling et le franc suisse.

Néanmoins au-delà de cette libre fluctuation, les pays disposent d'armes pour ajuster le cours de leur monnaie par rapport aux autres, l'une d'entre elles est la modification des taux d'intérêts. Une augmentation des taux d'intérêts entraîne une revalorisation du loyer de l'argent, par conséquent, les investisseurs vont acheter cette monnaie en délaissant les autres car sa rémunération est meilleure. La demande de monnaie étant importante celle-ci va augmenter par rapport aux autres.

Cependant cette technique a un revers c'est la baisse du marché boursier, effet que nous avons vu dans le paragraphe sur les taux d'intérêts.

Le deuxième élément important des taux de change est le placement à l'étranger. Imaginons que résident français vous achetiez **des actions américaines**, au bout d'un an le cours de bourse de cette entreprise a augmenté de 10% et vous pensez avoir fait une plus-value. Si le dollar a baissé de 10% par rapport à l'euro, alors votre plus-value est nulle. Par ailleurs, si le dollar a augmenté de 5% votre plus-value réelle est de 15% (10% + 5%).

Lorsque l'on investit dans des sociétés étrangères il faut veiller à l'évolution de la monnaie et bien l'anticiper auparavant au risque de voir sa plus-value annulée par une évolution défavorable du taux de change.

CIBLER SON APPROCHE

Le temps est compté

Toute décision d'investissement raisonnable repose sur une étude préalable, étude dont les résultats ont donné un signal clair qui permet à l'investisseur de penser que telle ou telle entreprise est sur ou sous-évaluée et par conséquent qu'il peut acheter ou vendre les actions de ces entreprises.

Cependant dans le processus de décision utilisant l'analyse financière ou fondamentale, la phase d'étude préalable est longue et la quantité d'informations nécessaires à une analyse de qualité rend cette étude impossible pour tous les titres de la cote.

Il faut donc prendre en compte cette donnée pour effectuer un premier débroussaillage qui aboutira à une sélection restreinte de valeurs.

IMPORTANCE DE L'ANALYSE SECTORIELLE

Commencer par une étude sectorielle permet de faire ce premier tri. En effet tous les secteurs présentent des différences dans leurs développements, certains seront plus sensibles à la conjoncture économique et on parlera de secteurs cycliques, alors que d'autres seront des secteurs de croissance moins influencés par ces errements économiques.

Quelques secteurs sont représentés ci-dessous avec leur sensibilité principale.

Secteur d'activité	Sensibilité
Automobile, distribution, agro-alimentaire	Evolution du pouvoir d'achat des ménages, niveau de la consommation
Banque, assurance	Taux d'intérêt, tenue des marchés boursiers

Défense, aéronautique	Commandes des gouvernements, conflits mondiaux
Immobilier	Taux d'intérêt, fiscalité immobilière
Laboratoires pharmaceutiques	Mises sur le marché de nouveaux médicaments, découverte de nouvelles molécules
Industrie du luxe	Taux de change (surtout le dollar et le yen), conjoncture économique internationale. En cas de crise ce secteur est le plus rapidement touché
Mines, métaux, pétrole, gaz	Cours du dollar (monnaie de transaction internationale) et des matières premières concernées

Quel que soit le choix de l'investisseur, une fois qu'il aura focalisé son attention sur un secteur particulier il pourra s'intéresser en profondeur aux valeurs qui le composent. Ces valeurs présentant souvent des caractéristiques proches en terme de sensibilité aux facteurs extérieurs, il sera plus facile de les départager sur leurs comptes et leurs résultats.

Le raisonnement des professionnels est exactement le même, mais la dichotomie opérée pour sélectionner les valeurs se base sur un champ plus large. Ils détermineront tout d'abord le marché le plus porteur en terme géographique (Europe, Etats-Unis, pays émergents...), puis le secteur et enfin les valeurs à l'intérieur de ces secteurs.

La baisse des coûts de transaction sur les marchés étrangers a facilité leur approche pour des investisseurs non-résidents, cela permet aux particuliers de jouer finement sur leur allocation d'actifs. Et la frontière avec les professionnels à tendance à s'estomper.

Tout comme pour le choix des valeurs, le choix d'un secteur d'activité que l'on connaît facilite la compréhension des mécanismes qui le dirigent. En effet dans le domaine de l'investissement les idées les plus simples sont souvent les meilleures.

Il ne sert à rien de s'enticher du secteur des hautes technologies ou de la "biotech" si on est complètement hermétique à ces technologies, certaines données nous échapperons alors et nous ne maîtriseront pas les éléments qui ont une influence sur les cours.

Une fois que nous aurons défini les secteurs les plus porteurs nous pourront nous intéresser aux valeurs qui les composent, ceci fera l'objet de la prochaine leçon.

Nous verrons une méthode d'approche globale qui permet de se faire une idée solide d'une société avant de se lancer tête baissée dans les comptes.

Vous trouverez ci-dessous en exemple, une liste de quelques secteurs de la bourse de Paris ainsi que les principales valeurs qui les composent (cette liste n'est pas officielle).

Pour aller plus loin avec les secteurs d'activité, nous vous recommandons de consulter notre **module sectoriel** dans lequel sont listées toutes les sociétés.

Aéronautique, Espace		Assurances		Autres financières
Dassault-Aviation EADS Zodiac		Axa CNP Assurances SCOR		Eurazeo ABC Arbitrage
Autres biens d'équipement		Banque		Bois, Papier, Carton
Alstom		B.N.P. Paribas Société Générale Crédit Agricole		Sequana

Boissons		BTP, Génie civil		Chimie
LVMH Pernod-Ricard Remy Cointreau		Bouygues Eiffage Vinci		Air Liquide Solvay
Communication, Diffusion, Publicité		Constructeurs automobiles		Construction mécanique
Canal Plus Gaumont Havas NRJ Publicis		Peugeot Renault		De Dietrich Legris industrie Sidel
Crédit spécialise		Distribution générale grand public		Distribution Industrielle
Locindus Natexis		Carrefour Casino Guichard		Manutan Rexel
Distribution spécialisée grand public		Electricité, Electronique, Télécoms		Environnement, services aux collectivités
Mr Bricolage Etam		Alcatel Orange Schneider		Sodexo Suez Environnement Veolia
Equipement domestique, professionnel		Equipementier		Hôtels, Restaurant, Tourisme
BIC		Faurecia		Accor

Neopost Seb		Michelin Montupet Plastic- Omnium Valeo		Euro Disney Groupe Partouche
Immobilière classique		Imprimerie, édition		Industrie agroalimentaire
Gecina Icade Klepierre Silic		Lagardere Spir Communicati on		Bongrain Danone Fromageries Bel Royal-Canin
Informatique		Lunetterie		Matériaux
Altran- Technologies Atos Cap Gemini Dassault Systèmes Ingenico		Essilor International		Ciments Français Lafarge Lapeyre Saint-Gobain
Pétrole		Pharmacie, Cosmétiques		SDR
Total Vallourec Maurel & Prom		Virbac L'Oreal Sanofi		Dev.R.N-P.Calais Sade
Société de portefeuille		Sociétés holding		Biotechnologies
Altamir Amboise Salvepar		Bollore Christian Dior Fimalac Wendel		Cerep Eurofins Transgene
Textile,		Transformatio		Transport

Habillement, Accessoires		n des métaux		
Chargeurs Hermès Lafuma		Eramet Arcelor		Air France Eurotunnel Norbert Dentressangle

LA DERNIÈRE SÉLECTION

Après avoir sélectionné quelques secteurs - ou thèmes d'investissements - vous avez donc une poignée de valeurs susceptibles d'être acquises pour rentrer dans votre portefeuille.

Avant de se lancer tête baissée dans les rapports d'activité et de commencer de longues et fastidieuses analyses des comptes de chaque société, il convient de se poser quelques questions de base qui vous permettront d'éliminer encore quelques valeurs de l'analyse finale. Pour cela nous vous présentons ci-dessous une série de thèmes types qui vous simplifieront la démarche.

Connaître et comprendre les produits vendus

Le choix d'une valeur plutôt qu'une autre repose souvent sur un fort rapport émotionnel avec les produits de l'entreprise. Il faut donc s'intéresser de préférence à des activités économiques que l'on connaît et dont on maîtrise les circuits. Une activité simple (la banque par exemple) est plus facile à cerner que l'activité qu'on ne comprend pas bien, d'une start-up de nouvelles technologies.

Les meilleures idées sont souvent les plus simples, n'oublions pas que nous allons être à l'affût des nouvelles concernant la société que nous aurons mise dans **notre portefeuille**. Il faudra être en mesure de les comprendre et de pouvoir en tirer des conclusions quant à l'évolution de notre poulain.

Un leurre très fréquent survient à l'égard des sociétés intervenant sur des marchés très porteurs (Internet, biotechnologies ...), souvent les marchés ont anticipé le futur et les plus-values annoncées ne sont pas forcément au rendez-vous. Il vaudra mieux se placer sur un secteur traditionnel actuellement délaissé, les retournements de tendance ou de cycle étant souvent violents.

La taille de la société

L'économie moderne et la globalisation des échanges mondiaux ont favorisé le rapprochement des sociétés et la constitution de géants mondiaux, ces valeurs que l'on appelle les "blue chips" sont souvent acquises pour constituer un fonds de portefeuille. Leurs performances boursières sont généralement dans la moyenne du marché, elles offrent une sécurité relativement importante mais aussi une certaine inertie.

A côté de ces mastodontes cohabitent des sociétés de taille modeste, il est bon de s'y intéresser car leur situation est rarement pérenne. Sous la pression concurrentielle, deux choix s'offrent à elles : le rapprochement avec un grand groupe ou leur disparition du marché.

Les stratégies boursières seront donc différentes en fonction de la place occupée par l'entreprise sur son marché. Si on veut minimiser le risque on se contentera des grandes valeurs, par contre on pourra s'intéresser aux sociétés de taille modeste dans une optique plus spéculative, consistant à parier sur une croissance très rapide ou un rapprochement avec un grand groupe.

Les matières premières

Chaque entreprise consomme des matières premières pour sa production, les fluctuations du prix de ces matières influencent donc plus ou moins le cours des sociétés concernées.

Certaines sociétés sont très dépendantes des matières premières, c'est le cas notamment de tous les producteurs de matières (papier, or, pétrole...) dont le cours de bourse est très fortement corrélé à l'évolution des cours de ces produits. Ces entreprises ne maîtrisent pas du tout leurs prix de vente et les investisseurs les jouent souvent comme des vecteurs multiplicateurs des cours des matières premières.

Pour les autres sociétés le prix de ces matières premières influence le prix de leurs produits finis de manière moins directe, mais affecte quand même leurs marges. En fonction des stocks constitués par l'entreprise et de la rapidité d'adaptation du prix du produit fini à ces fluctuations de cours l'effet se fera plus ou moins sentir sur les marges.

De même, l'envolée du cours des approvisionnements n'est pas toujours un facteur négatif pour l'entreprise. Par exemple, une augmentation des **cours du brut** favorisera le cours des sociétés pétrolières mais affectera celui des sociétés grosses utilisatrices de cette matière (papetiers, cimentiers... dont la demande en énergie est importante).

Le circuit de production ainsi que les matières employées et leur cours doivent être suivis avec attention par l'analyste pour adapter au plus juste l'évaluation de la société.

LES DEVISES

L'évolution du **cours des devises** influence assez fortement les résultats des entreprises. Il faut savoir que la monnaie de référence pour de nombreuses transactions internationales reste le dollar. On achète et on vend des Airbus et du pétrole en dollars et non en euros. Hormis si l'entreprise importe ou exporte uniquement dans la zone Euro, l'évolution du dollar aura un impact sur les sociétés.

Suivant que la société exporte ou importe des produits, l'évolution de la monnaie aura des conséquences différentes. Si le cours du dollar est en hausse par rapport à l'euro, une société française qui importe des matières premières sera pénalisée par cette augmentation. Pour la société exportatrice c'est l'inverse qui se produira puisque ses produits coûteront plus cher en monnaie nationale, elle sera donc favorisée. Une baisse de la monnaie de transaction aura des conséquences inverses.

Par contre si la société effectue toutes ses transactions en dollars (achats et ventes), l'évolution de la monnaie de transaction aura un impact très faible sur les comptes.

Il sera donc intéressant de se renseigner sur les marchés de la société (Europe, monde...) ainsi que sur les habitudes de paiement et de règlement.

Les activités de l'entreprise

Le dernier point sur lequel nous porterons une attention particulière est l'organisation de l'activité de l'entreprise, cela nous sera précieux pour aborder l'analyse des comptes de la société.

On assiste depuis quelques années à un retour "sur les métiers de base" c'est à dire que les entreprises qui avaient eu tendance à se diversifier dans toutes sortes d'activités, on rationalisé cette pléthore d'activités pas toujours complémentaires pour se recentrer sur leur métier d'origine.

Ce phénomène est d'autant plus important dans les secteurs ou les investissements de base sont conséquents.

Il nous faudra dresser un bilan de toutes les activités de l'entreprise pour avoir une image fidèle de son activité réelle. Dans le cas d'une véritable diversification, l'évaluation de l'entreprise est rendue plus complexe par le fait que chaque activité peut être analysée différemment en fonction du secteur auquel elle appartient.

De plus la différence de métiers entre plusieurs activités est très difficile à gérer et les synergies sont délicates.

L'activité unique, si elle est plus saine du point de vue de l'analyse, n'est pas sans présenter des lacunes stratégiques.

Cela entraîne une sensibilité et une vulnérabilité assez importante, l'exemple en est donné avec les entreprises de bâtiment ou de l'automobile qui du fait de leur mono-activité subissent de plein fouet les fluctuations des cycles économiques, il n'y a pas d'activité complémentaire qui pourrait jouer un effet tampon sur en cas de récession.

Nous éviterons autant que possible les entreprises trop diversifiées et nous nous tournerons plutôt vers celles qui ne font qu'un métier. Si nous voulons diversifier nos investissements entre plusieurs activités, à ce moment-là, il vaut mieux multiplier les lignes d'actions au sein de son portefeuille, nous investirons ainsi sur plusieurs spécialistes plutôt qu'un seul généraliste.

LECTURE DU BILAN

Une fois par an, généralement le 31 décembre, les sociétés arrêtent leurs comptes et produisent les documents comptables de synthèse.

Ces documents qui comprennent le compte de résultat, le bilan et les annexes retracent l'activité de la société pour l'exercice considéré (en principe du 1er janvier au 31 décembre) et dressent la situation patrimoniale de l'entreprise à la date d'arrêté des comptes. Dans les grandes entreprises, ces documents sont réalisés plusieurs fois par an, chaque trimestre.

C'est à partir de ces documents que nous ausculterons les comptes de la société pour déterminer ses forces, ses faiblesses et une valorisation théorique qui nous permettra de nous positionner ou non sur la valeur. Ces informations essentielles pour réaliser cette analyse financière peuvent être trouvées auprès de nombreuses sources : rapports annuels des sociétés, sites Internet des entreprises, etc.

Cette leçon sera consacrée à l'étude du bilan, nous l'aborderons de façon simple, de manière à ce que vous puissiez réaliser une étude relativement rapide et vous faire une idée solide de la société étudiée sans tomber dans les pièges principaux. Nous aborderons des aspects plus techniques et complexes dans une leçon ultérieure.

QU'EST-CE QU'UN BILAN ?

Le bilan est la situation patrimoniale de l'entreprise à un moment donné, il recense les ressources de la société et les emplois de ces ressources. Il se présente en deux parties, l'actif et le passif. Le schéma suivant est une vue synthétique des grandes lignes du bilan.

BILAN ACTIF	BILAN PASSIF
Actif Immobilisé - Immobilisations	Capitaux Propres
- Immobilisations incorporelles (brevets, fonds de commerce, frais d'établissement) - Immobilisations corporelles (terrains, constructions, matériel, installations, outillage) - Immobilisations financières (participation dans d'autres sociétés, prêts octroyés)	- Capital - Réserves (légale, statutaire, réglementées, autres) - Résultat de l'exercice (bénéfice ou perte)
Actif Circulant	Provisions pour risques et charges
- Stocks (matières premières, en cours de production, marchandises) - Créances (clients) - Valeurs mobilières de placement (SICAV)	- Provisions pour risques, provisions pour charges

- Disponibilités (solde des comptes en banque, solde de la caisse)	
	Dettes
	- Emprunts (obligataires, auprès des banques) - Dettes fournisseurs, dettes fiscales et sociales
TOTAL ACTIF	**TOTAL PASSIF**

Nous voyons que le bilan peut se décomposer en cinq grandes catégories, deux à l'actif : l'actif immobilisé et le circulant, trois au passif : les capitaux propres, les provisions et les dettes. Le total de l'actif est toujours égal au total du passif.

Où focaliser notre attention ?

Nous allons passer en revue les différents éléments sur lesquels nous devrons nous focaliser, ils sont déterminants pour se faire une bonne idée de la société étudiée, même si l'analyse peut être plus poussée nous commencerons par ces postes afin de vérifier la cohérence générale des comptes de la société.

Les immobilisations

Les immobilisations sont les biens ou valeurs destinées à rester durablement sous la même forme dans l'entreprise.

Ce poste mérite d'être étudié avec soin, car certains biens inscrits en immobilisations peuvent y figurer pour une valeur qui ne correspond pas à la réalité. C'est le cas par exemple d'un bâtiment qui peut valoir beaucoup plus que son évaluation au bilan si le marché immobilier s'est apprécié.

Cela peut également être le cas des participations financières dans des sociétés qui ne sont pas réévaluées en fonction du cours de bourse des titres détenus.

Il convient donc de vérifier la valeur réelle des biens inscrits au bilan et si nécessaire de les réévaluer pour obtenir une image plus proche de la réalité.

Les stocks

Un stock coûte cher à l'entreprise, chaque euro de stock correspond à un euro de financement. Le réflexe logique est de compresser le plus possible le niveau des stocks, ce qu'on fait les entreprises en mettant en place des règles plus rationnelles de gestion des stocks.

L'objectif est que le stock tourne vite, voire de travailler à flux tendus. Nous pourrons calculer la vitesse de rotation des différents stocks avec les formules ci-dessous:

$$\frac{\text{Stock de marchandises}}{\text{Achats de marchandises}} * 360$$

$$\frac{\text{Stock de produits finis}}{\text{Production vendue - résultat d'exploitation}} * 360$$

$$\frac{\text{Stock de matières premières}}{\text{Achats de matières premières}} * 360$$

Tout comme les immobilisations, la valeur des stocks inscrite à l'actif peut être sensiblement différente de sa valeur réelle. Notamment quand il s'agit de stocks de matières premières dont les fluctuations peuvent être importantes (cas du pétrole par exemple), dans ce cas il faudra les réévaluer correctement.

En fonction du niveau des stocks et de leur variation d'une année sur l'autre, nous nous poserons certaines questions : pourquoi les stocks augmentent ? L'entreprise a du mal à vendre sa production ? Anticipe-t-elle des augmentations du prix des matières premières, etc.

Les disponibilités

Dans cette catégorie on trouve les instruments financiers de gestion de trésorerie de l'entreprise (**SICAV**) mais surtout le montant des comptes bancaires. En fonction du niveau des liquidités par rapport à la taille de l'entreprise il faudra répondre aux questions suivantes : pourquoi l'entreprise garde-elle autant de liquidités ? Elle n'a pas de projet d'investissement ? Elle prépare une opération de croissance externe ? (rachat d'une entreprise) Pourquoi ne diminue-elle pas son endettement ? Pourquoi ne sont-elles pas placées ?

En fonction des secteurs économiques, il faudra moduler notre point de vue. Certains secteurs en sont très gourmands, les entreprises industrielles sont de celles-là du fait des investissements importants consentis et du poids des intérêts. Les entreprises de la grande distribution se situent à l'opposé, elles sont payées comptant par leurs clients et paient leurs fournisseurs avec des délais relativement longs, ces décalages entre les décaissements et les encaissements créent un afflux de trésorerie.

Les fonds propres

Les fonds propres sont un peu plus larges que les capitaux propres représentés sur le schéma dans le sens ou ils incluent des éléments tels que les titres participatifs ou les avances conditionnées, nous ne rentrerons pas dans ces détails pour cette première approche.

Les fonds propres sont les fonds remboursables en cas de difficulté, après désintéressement de tous les autres créanciers. C'est un poste très important qui représente la situation nette de l'entreprise. Parfois dans le cas de lourdes pertes il arrive qu'il n'y ait plus de fonds propres, la solvabilité de l'entreprise ou sa capacité à faire face à ces créanciers est donc nulle.

Il faudra ici aussi, relier directement le niveau des fonds propres au secteur d'activité, la grande distribution vue plus haut est traditionnellement peu dotée en fonds propres du fait qu'elle n'a aucun besoin en fonds de roulement.

La première observation sera de comparer le niveau des fonds propres et le niveau des immobilisations, les fonds propres doivent couvrir les immobilisations. La différence entre les deux s'appelant le Fonds de Roulement. Si vous ne devez retenir qu'une seule règle c'est celle-là :

Fonds de Roulement = Fonds Propres - Immobilisations

Les emplois durables de l'entreprise (immobilisations) doivent être financés par des ressources durables (fonds propres).

Les provisions

Les provisions sont des charges calculées par l'entreprise et inscrites au passif du bilan en prévision d'aléas (pertes) futurs sur certains éléments de son activité. Ainsi on constitue des provisions pour des risques de paiement encourus sur certains clients douteux ou des risques sur certains pays émergents. Cela revient à constater aujourd'hui une charge dont l'origine est actuelle mais qui sera effective plus tard. Nous reparlerons des provisions et de la façon de les retraiter dans le chapitre consacré au compte de résultat.

Les dettes

Le niveau des dettes contractées par l'entreprise est important, mais c'est surtout la capacité de remboursement de ces dettes par l'entreprise qui est primordial. Cette capacité peut se mesurer au travers du ratio suivant :

$$\frac{\text{Fonds propres}}{\text{Fonds propres} + \text{dettes à moyen et long terme}}$$

Plus ce ratio est élevé, plus la société sera apte à faire face à ses dettes. De plus cela voudra dire que la société dispose encore d'une capacité d'endettement disponible, elle pourra donc y faire appel en cas d'opération de croissance externe ou d'investissements.

Cette leçon devrait vous permettre de commencer à regarder les bilans des entreprises, de mieux comprendre certaines notions et de commencer à porter quelques jugements. La prochaine leçon sera complètement opérationnelle puisqu'elle sera consacrée aux ratios d'analyse financière utilisables sur un bilan.

RATIO DU BILAN

Vous connaissez désormais la structuration d'un bilan ainsi que les grandes masses qui le compose. Nous allons rentrer à présent dans les détails et aborder l'étude des ratios propres au bilan.

Avant de se lancer dans leur présentation il convient de définir certaines grandeurs caractéristiques du bilan qui nous serons utiles pour le calcul. Ce sont par ailleurs des notions à connaître, notions que l'on retrouve dans de nombreux articles de presse et qui sont souvent floues pour les lecteurs.

La décomposition qui en est donnée ci-dessous vous permet de les calculer à l'aide d'un bilan, pour cela il vous suffit de reporter les montants du bilan dont les intitulés suivent.

Il faut garder à l'esprit que dans toute analyse financière basée sur les ratios, c'est l'ordre de grandeur qui compte ainsi que l'évolution sur plusieurs années.

La situation nette	Les capitaux propres
En fin d'exercice et après répartition des résultats, la situation nette est la somme des fonds acquis définitivement aux associés (actionnaires et porteurs de parts).	Ce sont les fonds conservés par l'entreprise mais éventuellement grevés d'une dette fiscale latente.

Capital

+ prime d'émission, de fusion et d'apport
+ écarts de réévaluation
+ résultat de l'exercice (si avant répartition)
+ réserves (légale, statutaire, réglementées et autres)
+ / - report à nouveau

Situation nette

+ subventions d'investissement
+ provisions réglementées

= Situation Nette   = Capitaux Propres

Les fonds propres

Ce sont les fonds remboursables en cas de difficultés. Avant le remboursement on déduit de ces fonds les dettes des autres créanciers (Etat, fournisseurs)

Les ressources propres

Elles représentent l'ensemble des fonds sur lesquels peuvent s'imputer les pertes, d'où qu'elles proviennent, sans remettre en cause le remboursement des créances détenues par les prêteurs ordinaires.

Capitaux propres

+ titres participatifs
+ avances conditionnées

Fonds propres

+ provisions à caractère de réserves
- Non-valeurs (capital souscrit non appelé, frais d'établissements, charges à répartir, écart de conversion actif, prime de remboursement des obligations)
+ écart de conversion passif

| | + Quasi-fonds propres (comptes courants d'associés, obligations convertibles, emprunts participatifs) |

| = Fonds Propres | = Ressources propres |

Analyse de la solvabilité

Ces ratios ont pour objectif de nous aider à répondre à deux questions essentielles:

- L'entreprise pourra-t-elle faire face à ses dettes lorsqu'elles arriveront à l'échéance ?
- Existe-t-il une marge d'endettement ?

Pour cela nous analyserons les ressources propres de la société suivant deux angles :

La vision objective

C'est la mesure de la solvabilité globale de l'affaire : les ressources propres doivent être suffisantes pour supporter une certaine dévalorisation de l'actif tel qu'il figure au bilan. La comparaison du niveau des ressources propres par rapport au total du bilan est une mesure du degré d'engagement des actionnaires dans le risque d'entreprise.

$$Ratio\ de\ solvabilité = \frac{Ressources\ propres}{Total\ du\ bilan}$$

On considère que ce ratio doit excéder les 25% pour que l'entreprise ne soit pas trop endettée, on majorera ce chiffre pour le secteur industriel (35%) et on le minorera pour le secteur commercial (20%).

La vision subjective

De ce ratio découle la capacité de l'entreprise de s'endetter auprès du système bancaire. Cette mesure est réalisée par le ratio suivant, appelé ratio de capacité d'endettement:

$$Ratio\ de\ capacité\ d'endettement = \frac{Ressources\ propres}{Dettes\ structurelles}$$

En règle générale, ce ratio doit être supérieur à 1. Il permet de s'assurer que les concours bancaires à long et moyen terme ne sont pas supérieurs à ceux des investisseurs associés au risque d'entreprise. Plus cette capacité d'endettement est importante, plus la société pourra avoir recours à l'emprunt pour financer des acquisitions ou investissements.

Il convient cependant de modérer cette limite stricte en tenant compte des différents secteurs d'activité et de leurs spécificités. Les entreprises de négoce, par exemple, ont des ressources propres faibles et des engagements à court terme élevés. Dans ce cas le ratio acceptable pourra aller jusqu'à 0,1.

On pourra calculer la marge théorique d'endettement de la façon suivante :

Marge = Ressources propres- Dettes structurelles

Évaluation des immobilisations

L'objectif de cette évaluation est de comprendre la politique d'investissement et de renouvellement des immobilisations.

Le poids des immobilisations

$$\frac{Immobilisations\ nettes}{Total\ du\ bilan}$$

Ce ratio mesure le poids de l'outil de production au sein de l'entreprise. S'il est élevé nous en rechercherons la cause : investissements importants, secteur gourmand en outil industriel, etc.

Le degré d'amortissement

C'est une mesure de l'état de vétusté de l'outil de production, en le calculant sur plusieurs années ont peu ainsi avoir une vision de la politique d'investissement de l'entreprise : l'outil est vieillissant ? Si oui des investissements sont-ils prévus ?Quand ? Quel en sera l'impact sur les comptes ? etc. En cas de rajeunissement, on vérifiera si ces nouveaux investissements sont bien exploités, etc.

$$\frac{Amortissements\ économiques}{Immobilisations\ amortissables\ brutes}$$

Il existe de nombreux autres ratios exploitables sur le bilan. Dans un souci de clarté nous vous avons présenté les plus courants, et surtout les plus représentatifs.

Lorsqu'on réalise une analyse, et même si l'on est habitué, le temps est crucial. Il ne faut pas tomber dans la redondance d'informations et se contenter de quelques indicateurs biens choisis.

N'oubliez pas lors de vos analyses qu'il importe plus de se focaliser sur les ordres de grandeur que sur le chiffre brut. Ainsi à l'intérieur d'un même secteur d'activité nous pourrons comparer la structure des différentes sociétés et en tirer des conclusions pertinentes. Cela nous permettra de déceler d'éventuels déséquilibres dans la structure des sociétés, leurs forces et leurs faiblesses.

LE COMPTE DE RÉSULTAT

La deuxième pièce maîtresse des comptes d'une société est le compte de résultat. Nous avions vu précédemment que le Bilan était " une photographie " à un instant donné des biens et des engagements de l'entreprise acquis tout au long de sa vie. Le compte de résultat lui, ne s'intéresse pas au passé mais uniquement à l'année qui vient de s'écouler.

Si on peut lire le résultat d'une société sur un bilan, nous ne pouvons pas connaître dans le détail comment il a été réalisé

Cette tâche est l'objectif du compte de résultat :en recensant précisément les charges et les produits de l'entreprise au cours de l'année il permet de déterminer précisément ce qui a contribué à un bon résultat ou à une perte.

Cette première leçon sur le compte de résultat va s'attacher à en présenter les principales rubriques,introduction indispensable à sa compréhension, pour exploiter dans la leçon suivante les différents ratios financiers utilisables sur ce document comptable.

1. Schéma d'un compte de résultat

Sa structure s'articule autour de trois niveaux qui sont complétés par un niveau global :

Niveaux	Charges	Produits
Exploitation	Charges d'exploitation	Produits d'exploitation
Financier	Charges financières	Produits financiers
Exceptionnel	Charges exceptionnelles	Produits exceptionnels
Global	Participation des salariés Impôt sur les bénéfices	

A la différence du bilan, le compte de résultat se présente en liste, c'est à dire qu'il n'y a qu'une seule colonne. Ceci présente un avantage : les charges et produits de même nature(exploitation par exemple) sont regroupés et cela permet de calculer des résultats intermédiaires que l'on nomme les Soldes Intermédiaires de Gestion (SIG).

Dans cet exemple si on soustrait les produits et les charges d'exploitation nous obtenons le résultat d'exploitation qui est un SIG.

Le tableau suivant présente un découpage plus précis du compte de résultat avec sa présentation en ligne dans lequel sont listés les principaux postes comptables, les catégories de charges ou de produits auxquels ils appartiennent ainsi que les différents SIG qui peuvent être calculés.

Produits d'exploitation	Chiffre d'affaires (ventes de biens, services et marchandises) Production stockée et immobilisée Reprises sur provision d'exploitation
Charges d'exploitation	Achats de marchandises, matières premières Charges externes (téléphone, loyers, assurances : frais généraux) Impôts et taxes (taxe d'apprentissage, professionnelle, etc.) Salaires et charges sociales Dotations aux amortissements et provisions
Résultat d'exploitation	**= Produits d'exploitation - Charges d'exploitation**
Produits financiers	Produits financiers de participations ou de valeurs mobilières Différences positives de change Reprises sur provisions financières
Charges financières	Intérêts d'emprunts, agios, etc. Différences négatives de change Dotations financières aux amortissements et provisions
Résultat financier	**= Produits financiers - Charges financières**
Résultat courant avant impôts	**= Résultat d'exploitation + Résultat financier**
Produits exceptionnels	Produits exceptionnels sur opérations de gestion et en capital Reprises sur provisions exceptionnelles
Charges exceptionnelles	Charges exceptionnelles sur opérations de gestion et en capital Dotations exceptionnelles aux amortissements et provisions
Résultat exceptionnel	**= Produits exceptionnels - Charges exceptionnelles**
	Participation des salariés aux résultats de l'entreprise Impôt sur les bénéfices
Résultat net (ou perte)	**Total des produits - Total des charges**

2. Que regarder dans le compte de résultat ?

Produits d'exploitation :

Bien évidemment le niveau du chiffre d'affaires retiendra notre attention. Mais plus que son niveau il faudra essayer d'en comprendre les variations : s'il diminue, s'agit-il d'un effet de volume ? (les ventes ont diminué) ou d'un effet de prix ? (les prix ont baissé). La deuxième situation étant moins préoccupante que la première.

Exemple:

Un cas typique a été celui des équipementiers automobiles.

Les chiffres d'affaires du secteur sont en baisse et pourtant les volumes vendus augmentent. Dans ce cas c'est bien une pression sur les prix exercée par les constructeurs automobiles et non pas la perte de parts de marché.

Intervient également la notion de productivité et d'économie d'échelle. Si les volumes augmentent, les biens à produire coûtent en général moins cher du fait de l'utilisation à plein temps des machines ou du personnel. En cas d'une baisse des prix et d'une augmentation du volume les entreprises peuvent conserver leurs marges à condition que la production soit bien gérée, ce sera un autre élément sur lequel il faudra être attentif. Cette loi se vérifie souvent dans les entreprises industrielles dont les investissements matériels sont lourds à la différence du secteur des services (conseil, ingénierie, etc.), moins sensible aux économies d'échelle.

Les charges d'exploitation:

Nous listerons toutes les lignes des charges d'exploitation et étudierons les variations des différents postes pour tenter de déceler les points importants.

Achats:

les matières premières utilisées par l'entreprise ont elles vu leur prix flamber ou au contraire se tasser ? Dans le cas de sociétés très sensibles au prix des matières premières (l'industrie pétrolière par exemple) nous essaierons d'anticiper les hausses ou baisses de prix.

Services extérieurs:

ce poste regroupe tous les frais généraux de l'entreprise, il faudra être attentif à leur éventuelle dérive.

Salaires et charges:

tous les frais liés à l'embauche de personnel sont détaillés ici. Il faudra surveiller leur évolution par rapport au chiffre d'affaires. Il est évident que si l'activité se tasse, les réductions de personnel réagissent avec retard. Nous verrons dans la leçon suivante les différents ratios utilisés pour mesurer la productivité du personnel.

Dotation aux amortissements:

les amortissements sont des charges calculées qui ne sont pas décaissées. Ce poste augmentera proportionnellement avec les investissements réalisés par l'entreprise. Cela nous permettra de mesurer la rentabilité des investissements : en effet si un investissement est réalisé, les amortissements vont venir diminuer le bénéfice de l'entreprise. Cette réduction sera plus ou moins compensée par la rentabilité des nouvelles machines ou usines acquises par l'entreprise, nous serons donc attentifs à l'impact des amortissements sur les marges de la société.

Dotation aux provisions:

le système est un peu similaire aux amortissements dans le sens ou cette charge n'est pas décaissée et elle est également calculée par l'entreprise.

Les provisions constituent une sorte de réserve. L'entreprise constituera des provisions quand elle pensera qu'un de ses actifs peut se déprécier : un client douteux qui risque de ne pas payer, un bâtiment dont la valeur baisse sont autant de raisons de mettre de l'argent en réserve par le biais d'une provision.

La politique de provisions d'une société est un élément très important qui nous montre à quel point il ne faut pas se fier au seul chiffre du résultat net. Une société peut ainsi présenter un résultat net en perte en raison de provisions importantes, il faudra donc bien étudier le résultat avant provisions.

Les charges et produits financiers

Les charges financières de l'entreprise sont des agios ou des intérêts d'emprunt par exemple.

Les produits financiers pour leur part sont constitués des intérêts ou plus-values perçus sur les placements de trésorerie de l'entreprise ainsi que le gain sur des opérations en devises.

Le résultat financier joue un rôle important dans le résultat net de l'entreprise, il sera un élément d'appréciation de la bonne gestion des disponibilités de trésorerie et de la gestion du financement de l'entreprise.

Exemple: Certains secteurs auront un résultat financier positif, c'est le cas notamment de la grande distribution qui encaisse ses ventes avant de payer ses fournisseurs, ce décalage est donc utilisé sous forme de placement financier.

Les charges et produits exceptionnels

Cette rubrique comprend toutes les charges et les produits qui ne sont pas issues du fonctionnement normal de l'entreprise.

Exemple: Les plus-values réalisées lors de la vente d'un local ou d'un véhicule seront des produits exceptionnels pour une société qui n'est pas dans le secteur immobilier ou automobile.

Pour obtenir une vision plus réaliste on regarde souvent le résultat réalisé par l'entreprise avant la prise en compte des éléments exceptionnels c'est ce que l'on appelle le résultat courant avant impôts.

3. Concepts associés

En parallèle de ces résultats intermédiaires que sont les SIG, il existe d'autres grandeurs qui peuvent être calculées simplement à partir du compte de résultat.

La valeur ajoutée

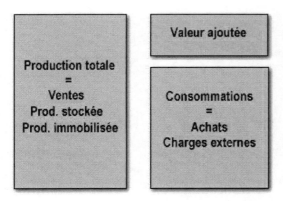

La valeur ajoutée est la différence entre la production totale de l'entreprise et les consommations nécessaires à cette production (achats, loyers, matières premières, etc.). Elle représente la richesse créée par l'entreprise.

Ce concept permet de mettre en lumière la stratégie de l'entreprise dans ses produits. Oriente-t-elle ses produits vers plus de valeur ajoutée ou vers de biens de grande consommation ? Si la valeur ajoutée augmente est-ce un signe d'un savoir-faire accru ? D'une reconnaissance de qualité ? Ou bien la valeur ajoutée est très faible et ce sont juste les économies d'échelle qui génèrent les marges (cas des biens de grande consommation).

Cette étude est intéressante dans les variations de la valeur ajoutée ainsi que dans la comparaison entre plusieurs entreprises au sein d'un même secteur d'activité.

La Marge Brute d'Autofinancement (MBA)

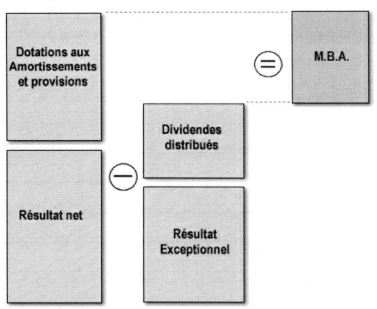

La MBA est très proche d'une autre grandeur qui est la Capacité d'Autofinancement (CAF). La différence principale étant que la première n'exclut pas l'impact des cessions d'actif sur le résultat.

La CAF ou la MBA revêtent une très grande importance, au moins égale au résultat net. Elles mesurent les ressources internes dégagées par l'entreprise, ce qui est disponible sans recours au système bancaire ou au marché financier pour financer ses investissements.

Nous comparerons toujours la MBA aux investissements de l'entreprise, si ces derniers sont plus faibles que la MBA, l'entreprise pourra utiliser l'écart pour s'autofinancer. Dans le cas contraire un appel au marché ou à l'emprunt sera nécessaire pour financer le développement de la société.

LES RATIOS DU COMPTE DE RÉSULTAT

Pour analyser rapidement un compte de résultat et mettre en lumière quelques grandeurs caractéristiques, les financiers ont créé toute une batterie de ratios. Ceux-ci sont largement utilisés en analyse financière ainsi que par les banques pour attribuer des lignes de crédit aux entreprises.

Avant toute chose, lors de l'utilisation des ratios c'est l'ordre de grandeur qui compte, il ne faut pas s'attarder sur des décimales inutiles.

De même leur utilisation ne doit pas être systématisée et être interprétée comme une mesure unique de la santé d'une entreprise, ce ne sont que des indicateurs qui nous apportent un éclairage sur un point particulier de l'activité.

De la sorte on pourra utiliser les ratios pour vérifier que les ordres de grandeur sont respectés et vérifier toute incohérence dans la formation du résultat de l'entreprise.

Nous pourrons également nous livrer à des **comparaisons entre différentes entreprises** d'un même secteur d'activité et ainsi comparer leurs performances.

La productivité

Pour mesurer la productivité d'une affaire on mettra en relation le personnel de l'entreprise avec des grandeurs significatives telles que le chiffre d'affaires :

$$\frac{Chiffre\ d'affaires}{Nombre\ de\ salariés} \quad ou \quad \frac{Valeur\ ajoutée}{Nombre\ de\ salariés}$$

On pourra à l'aide de ces ratios mesurer la productivité du personnel, suivre son évolution au cours des années, comparer aux ratios du secteur d'activité, etc. Nous pouvons remplacer le Nombre de salariés par les charges de personnel si nous le souhaitons.

LES RATIOS DE ROTATION

On mesurera avec les ratios suivants la vitesse de rotation des flux au sein de l'entreprise, la mesure qui en découle est donnée en jours. Cela nous permettra de vérifier la gestion des stocks que mène l'entreprise, fonctionne-t-elle à flux tendu ? Constitue-t-elle des réserves d'une année sur l'autre ? etc.

LA GESTION DES STOCKS

$$\frac{Stock\ final\ brut\ de\ marchandises}{Achat\ de\ marchandises} \times 360$$

$$\frac{Stock\ final\ brut\ de\ matières\ premières}{Achat\ de\ matières\ premières} \times 360$$

$$\frac{Stock\ final\ de\ produits\ finis}{(Production\ vendue - résultat\ d'exploitation)} \times 360$$

Crédits moyens

Les ratios de rotation suivants nous donnent une mesure en jours des délais de paiement des fournisseurs et des clients, ils permettent de mettre en lumière une éventuelle dérive des encaissements ou une amélioration des conditions pour le paiement des fournisseurs.

Crédit moyen obtenu des fournisseurs : $\dfrac{Dettes\ fournisseurs}{Consommation\ en\ provenance\ des\ tiers} \times 360$

Crédit moyen accordé aux clients : $\dfrac{(Créances\ clients + Encours\ d'escompte)}{Chiffre\ d'affaires} \times 360$

La répartition de la valeur ajoutée

La valeur ajoutée dégagée par une entreprise est ensuite répartie entre plusieurs agents, avec les ratios suivants on déterminera sur lesquels elle se porte : Salariés, entreprise, coût du capital (charges financières), etc.

$$\frac{Charges\ financières}{Valeur\ ajoutée}$$

$$\frac{(Salaires\ et\ charges\ de\ personnel)}{Valeur\ ajoutée}$$

$$\frac{Capacité\ d'autofinancement}{Valeur\ ajoutée}$$

La rentabilité de l'exploitation

Le but premier d'une entreprise est de créer de la richesse. Pour cela, une batterie d'indicateurs s'attache à mesurer la rentabilité de l'affaire.

LE RENDEMENT GLOBAL

On distinguera deux catégories d'entreprises en fonction de la nature de leurs activités :

$$\text{Entreprises commerciales :} \quad \frac{\textit{Marge commerciale brute}}{\textit{Chiffre d'affaires}}$$

$$\text{Entreprises industrielles :} \quad \frac{\textit{Valeur ajoutée}}{\textit{Production}}$$

$$\text{La rentabilité brute d'exploitation :} \quad \frac{\textit{Excédent Brut d'exploitation}}{\textit{Production}}$$

Cet indicateur de la trésorerie dégagée par l'entreprise est un indicateur avancé de la rentabilité économique d'une affaire, généralement ce ratio est supérieur à 10% dans les entreprises industrielles et oscille entre 6 et 8% dans les entreprises de négoce.

$$\text{La rentabilité nette d'exploitation :} \quad \frac{\textit{Résultat d'Exploitation}}{\textit{Chiffre d'affaires}}$$

La rentabilité globale

$$\text{Rentabilité de l'activité :} \quad \frac{\textit{Capacité d'Autofinancement}}{\textit{Chiffre d'affaires}}$$

$$\text{Rentabilité économique des capitaux engagés :} \quad \frac{\textit{Capacité d'Autofinancement}}{\textit{Total du Bilan}}$$

$$\text{Capacité de remboursement des emprunts structurels :} \quad \frac{\textit{Autres Dettes Financières}}{\textit{Capacité d'Autofinancement}}$$

Généralement, le ratio ci-dessus doit être inférieur à 3, dans le cas contraire cela signifie un trop lourd endettement de l'entreprise et une capacité à rembourser assez limite. Dans ces conditions les banques ne prêtent généralement plus à l'entreprise.

$$\text{Contrôle du niveau des amortissements :} \quad \frac{\textit{Dotation aux amortissements}}{\textit{Immobilisations amortissables Brutes}}$$

$$\text{Autofinancement des Investissements :} \quad \frac{\textit{Autofinancement}}{\textit{Investissements}}$$

$$\text{Rentabilité financière :} \quad \frac{\textit{Résultat de l'exercice}}{\textit{Situation Nette}}$$

$$\text{Poids des charges financières :} \quad \frac{\textit{Charges Financières}}{\textit{Résultat d'exploitation}} \quad \text{ou} \quad \frac{\textit{Charges Financières}}{\textit{Chiffre d'Affaires}}$$

Il sera intéressant avec les ratios ci-dessus de mesurer l'impact des charges financières sur l'activité de l'entreprise et de suivre leur évolution sur 2 ou 3 ans. Une situation saine est généralement caractérisée par un niveau des charges financières ne dépassant pas 2,5 ou 3% du chiffre d'affaires.

Il faut toutefois noter que ce niveau est considéré correct pour une entreprise à maturité, les jeunes entreprises très gourmandes en capitaux peuvent aisément dépasser ce chiffre standard.

Pour conclure nous insistons encore sur l'utilisation qui doit être faite des ratios. Ceux-ci doivent jouer un rôle d'indicateur et c'est leur variation qui comptera plus que leur niveau. On se basera généralement sur les trois derniers exercices de l'entreprise pour observer des variations significatives.

L'ANALYSE BOURSIÈRE

Le BNPA

En parallèle de l'analyse technique et de l'analyse financière s'est développée une troisième forme d'analyse : l'analyse boursière. Les techniques qu'elle met en œuvre ont pour base le cours de l'action.

En conjuguant cette donnée avec d'autres grandeurs significatives telles que le bénéfice net elle vise à déterminer une valorisation théorique pour une société ainsi qu'à mener des comparaisons entre le niveau de prix des différentes actions.

Le Bénéfice Net Par Action (BNPA)

Le calcul du BNPA est très simple puisqu'il suffit de diviser le bénéfice net réalisé par une société par le nombre d'actions qui composent son capital.

$$BNPA = \frac{Bénéfice\ Net}{Nombre\ d'actions}$$

Certaines précisions doivent toutefois êtres apportées : si la société réalise une perte, par convention on ne calcule pas " la perte par action " et donc on note ce ratio comme " non significatif ".

Ensuite la difficulté réside dans la détermination du nombre d'actions composant le capital, il est souvent différent du nombre d'actions que l'on trouve renseigné dans la cote officielle.

Pour réaliser le calcul le plus justement possible nous regarderons s'il n'existe pas des Certificats d'Investissement ou des Actions à Dividende Prioritaire, dans l'affirmative nous les ajouterons au nombre d'actions.

L'étude du BNPA ne se réalise pas par comparaison entre les différentes entreprises, en effet le montant des actions est différent et par conséquent la comparaison n'aurait aucun sens. En fait nous nous attacherons à surveiller les variations du BNPA au cours des années.

Plus la croissance du BNPA est élevée plus une valorisation importante des cours sera justifiée, cela signifie que le bénéfice attaché à chaque action est de plus en plus important. Par conséquent la part distribuée aux actionnaires (le dividende) devrait augmenter dans les mêmes proportions que le BNPA.

Limites de l'exercice

Si le BNPA d'un exercice clôturé est facile à déterminer puisque l'entreprise a publié ses comptes, il en va autrement pour l'estimation des BNPA futurs.

On peut s'appuyer sur deux sources d'information pour essayer d'avoir une estimation la plus réaliste possible. D'une part les prévisions des sociétés qui généralement dévoilent leurs objectifs pour l'exercice à venir, d'autre part les projections réalisées par les analystes qui suivent les valeurs. De nombreux bureaux d'analyse, appartenant souvent à de grandes banques, publient régulièrement des prévisions publiques.

L'ANALYSE BOURSIÈRE

Le PER et le PEG

Le Price Earning Ratio (PER)

Le PER est une notion fréquemment utilisée pour évaluer une action, son utilisation est très large puisque à la différence du BNPA il peut être utilisé pour comparer le prix de diverses actions et le fait qu'elles soient sur ou sous-valorisées.

Son calcul est extrêmement simple :

$$PER = \frac{Cours\ de\ l'action}{BNPA}$$

Exemple 1 : soit la société Lambda dont le cours de bourse est de 200 euros le 15 juillet, son BNPA est de 10 euros.
Le PER est donc égal à 200 / 10 = 20
Si le cours de bourse passe à 150 euros le 28 juillet, le PER devient égal à : 150 / 10 = 15

Nous le voyons dans cet exemple, le PER d'une action fluctue au jour le jour car il est dépendant des cours de l'action de la société concernée.

En termes fondamentaux, le PER exprime le nombre d'années pendant lesquelles il faudra détenir l'action pour qu'elle soit remboursée par les bénéfices de l'entreprise. C'est une mesure de la création de richesse par une société.

Exemple 2 : reprenons les données de l'exemple précédent : l'action de la société Lambda cote 200 euros le 15 juillet et son BNPA est de 10 euros.

Le PER qui est de 20 signifie qu'il faudrait 20 ans pour que les bénéfices de l'entreprise (dans l'hypothèse où ils restent constants) couvrent le prix de l'action.

Au-delà de son calcul brut, le PER doit être relativisé en fonction des bénéfices futurs attendus pour une société, prenons un exemple pour mieux comprendre :

Exemple 3 : Soit la société Lambda dont le cours de bourse est de 200 euros le 15 juillet 2018. Le résultat de la société qui est connu pour l'exercice 2017 est estimé pour 2018 et 2019 et permet de calculer le BNPA. Nous calculerons des PER futurs avec les BNPA estimés et le cours du jour :

	2017	2018 estimé	2019 estimé
BNPA	5	6	9
PER	40	33,3	22,2

Cet exemple illustre bien le fait qu'il faut considérer l'évolution des résultats et des PER. Ainsi la bourse étant un mécanisme d'anticipation, plus les résultats escomptés dans le futur seront importants, plus les investisseurs seront prêts à payer des PER élevés.

La situation est typique dans les sociétés technologiques, d'Internet ou de biotechnologie. La croissance anticipée est très forte et les investisseurs valorisent parfois ces sociétés à des PER de plusieurs centaines de fois les bénéfices attendus

Le phénomène est un peu moins vrai depuis l'éclatement de la bulle technologique au début des années 2000, mais il reste malgré tout une surprime.

Nous vous proposons un outil qui permet de **consulter les PER des actions** en faisant des tris sur les plus élevés et les plus faibles.

Le PER relatif

Une autre utilisation sera la comparaison du PER d'une société avec le PER moyen du secteur d'activité, cela donnera une idée de la valorisation relative de la société au sein d'un ensemble assez homogène.

Pour cela on peut bâtir un autre indicateur, le PER relatif. Le calcul est le suivant :

$$\text{PER relatif} = \frac{\text{PER de la société}}{\text{PER du secteur}}$$

Exemple 4 : soit les quatre sociétés suivantes et leurs PER respectifs entre parenthèses : Sociétés W (20), X (24), Y (16), Z (26)

Le PER du secteur est égal à : (20+24+16+26)/4 = 21,5

Le PER relatif de la société Y est de 16/21,5 = 0,74, il est inférieur à 1 et indique que la société est moins bien valorisée que la moyenne du secteur, elle recèle donc peut être une opportunité d'achat.

Le PEG, une amélioration du PER

Ce ratio financier a été mis en avant encore une fois par un investisseur américain, en l'occurence Peter Lynch. Il propose une amélioration du PER et notamment dans le cas de sociétés technologiques qui se caractérisent par une forte croissance. Son acronyme signifie *price earnings to Growth.*

Calcul et utilisation

PEG = (Cours de l'action / bénéfice par action) / Taux de coissance annuel du résultat net

Le fait d'introduire la croissance des résultat dans le calcul basique du PER est la principale originalité du PEG.

En terme d'utilisation, on considère que si le ratio est égal à 1, une entreprise est correctement valorisée. Si le PEG est inférieur à 1 elle est sous-valorisé et s'il est supérieur à 1 on considérera l'entreprise trop chère.

Exemple

Considérons une entreprise cotée en bourse avec les données suivantes :

Cours de bourse : 100 euros

Bénéfice net par action (BNPA) : 8 euros

Croissance annuelle attendue : 15%

Le PER de la société est de 100 / 5 = 12,5 fois

Le PEG est de 100 / 8 / 15 = 0,83

Dans cet exemple, le PEG de la société est assez nettement inférieur à 1, on considérera la société sous-évaluée par rapport à son potentiel de croissance.

L'ANALYSE BOURIÈRE

Rendement et Pay-Out

Le rendement est la mesure des revenus que rapporte une action par rapport à son coût d'acquisition, on rencontre plusieurs notions dont voici les modalités de calcul :

$$\text{Rendement global} = \frac{(dividende\ net + avoir\ fiscal)}{Cours\ de\ l'action}$$

$$\text{Rendement net} = \frac{Dividende\ net}{Cours\ de\ l'action}$$

Nous nous intéresserons exclusivement à la notion de rendement net dans cette leçon.

Tout comme le PER, le rendement net évolue au gré des fluctuations de l'action, il est donc valable à un instant t. Hors plus-values éventuelles lors de la cession de l'action, le dividende est le seul revenu.

A ce titre on cherchera à savoir quel est le rendement d'un placement en actions dans l'hypothèse où les cours ne varient pas.

Exemple : Vous avez acquis une action 200 euros et le dividende versé est de 10 euros, le rendement net de votre placement est donc de 5% par an.

Deux facteurs jouent sur le niveau du rendement : l'importance du dividende et le cours de l'action. Par conséquent si un rendement est élevé les causes peuvent être multiples :

- la société a fait de bons résultats et en distribue une grande part aux actionnaires (c'est souvent le cas des sociétés foncières qui sont connues pour verser de gros dividendes)

- le cours de l'action est très bas, ce qui donne un rendement élevé

- un mélange des deux facteurs précédents

Si la société fait des pertes, le rendement sera nul. Cependant si les perspectives de résultat des années futures sont importantes, les investisseurs ne dénigreront pas pour autant cette action dont le rendement s'améliorera au cours des années.

LE PAY-OUT

Cette notion est une mesure du taux de distribution d'une société, elle reflète la politique d'une société envers ses actionnaires.

$$Pay\text{-}out = \frac{Dividende\ net * 100}{BNPA}$$

Ainsi avec ce ratio, nous déterminons sous forme de pourcentage, la part des bénéfices qui est distribuée aux actionnaires. Nous surveillerons l'évolution du pay-out au fil des années. En effet il est classique que pour masquer une baisse de ses résultats, une société maintienne le montant de son dividende, cela entraînera logiquement une augmentation du pay-out mais sera décelable aisément.

LES CALCULS
D'INTÉRÊTS

Dans la vie de tous les jours comme dans nos opérations d'investissement nous avons souvent recours à des calculs d'intérêts. Aussi simples qu'ils puissent paraître, ces calculs appris il y a souvent très longtemps ont du mal à être mis en pratique.

Une petite piqûre de rappel s'impose donc pour manier avec aisance ces précieuses formules qui nous permettent de faire des calculs de rendement sur nos placements préférés.

Définition : L'intérêt est la rémunération due par l'emprunteur au prêteur en contrepartie de la mise à disposition d'un capital pendant une durée déterminée.

Les intérêts simples

Dans leur calcul entrent en compte quatre données : Le capital emprunté, nous le noterons C, la durée du placement : n, le taux d'intérêt annuel : t et le montant de l'intérêt : i

$$i = \frac{C \times t \times n}{100}$$

Exemple : imaginons que vous empruntiez 5 000 euros pour une durée de 2 ans avec un taux d'intérêt de 10%, les intérêts que vous paierez seront de :

$$i = \frac{5000 \times 10 \times 2}{100} = 1000 \, \text{euros}$$

Si vous souhaitez utiliser les mois ou les jours à la place des années, les formules deviennent :

Pour "n" exprimé en mois : $i = \frac{C \times t \times n}{1200}$

Pour "n" exprimé en jours : $i = \frac{C \times t \times n}{36500}$

Cette dernière formule est particulièrement utile pour calculer simplement le coût d'un achat suivant le mode du règlement différé (SRD).

Exemple : vous achetez au SRD pour 10 000 euros d'actions, le taux annuel que vous consent votre courtier est de 6%, et vous gardez vos titres 25 jours avant de les revendre, ce prêt vous aura coûté :

$$i = \frac{10000 \times 6 \times 25}{36500} = 41 \, \textbf{euros}$$

UNE VARIANTE, LA VALEUR ACQUISE

La valeur acquise est la somme du capital initial et des intérêts qu'il génère, au terme d'un certain nombre d'années de placement. Nous utiliserons les notations suivantes : Cn = valeur acquise, C = capital de base, t = taux d'intérêt annuel, n = nombre d'années.

$$Cn = C\left[1 + \left(\frac{t \times n}{100}\right)\right]$$

Ainsi pour une somme initiale de 5 000 euros placée 3 ans au taux de 10%, sans capitalisation des intérêts, la valeur acquise est égale à :

5 000(1 + 10x3/100) = 5 000+1 500 = 6 500 euros

Nous le voyons, les intérêts simples, correspondent à des situations où les intérêts acquis ne produisent pas eux même un intérêt, ils ne sont pas capitalisés. Seuls les intérêts composés nous permettront de mener ces calculs.

Les intérêts composés

Définition : un capital est placé à intérêts composés, si au terme de chaque période de capitalisation, l'intérêt généré s'ajoute au capital initial pour, ensemble, produire des intérêts au cours des périodes suivantes. On appelle aussi cela "la capitalisation".

Nous utiliserons les notations suivantes: Cn = valeur acquise au terme de n années de placement, Co = Capital placé initialement, n = durée du placement, i = taux d'intérêt pour une période. La formule générale est la suivante :

$$Cn = Co.(1+i)^n$$

Exemple: Vous placez 10 000 euros sur un compte épargne à un taux de 4% par an, quelle somme retrouverez-vous au bout de 5 ans ?

$Cn = 10\,000 \times (1+0,04)^5 = 12\,166$ euros, soit un gain de 2 166 euros.

Que ce serait-il passé si vous n'aviez pas laissé les intérêts en capitalisation mais qu'on vous les avait versés chaque année ?

Tout simplement vous auriez touché 400 euros par an (4% de 10 000 euros) pendant 5 ans, soit 2 000 euros, en capitalisant les intérêts vous avez gagné 2 166 euros.

En terme d'épargne vous pouvez aussi vous poser la question à l'envers : pour un taux d'intérêt et un nombre d'années de placement connu, je voudrais acquérir un capital de X euros, quel capital investir au départ ?

La formule de calcul inversée donne : $Co = Cn.(1+i)^{-n}$

Exemple : vous souhaitez disposer d'un capital de 300 000 euros dans 25ans, on vous propose un placement à taux fixe de 5%, quelle somme devez-vous placer aujourd'hui ?

Somme à placer $= 300\,000 \times (1+0.05)^{-25} = 88\,591$ euros à placer aujourd'hui.

Les annuités

Nous avons vu dans les paragraphes précédents, des situations dans lesquelles on partait d'un capital initial pour arriver à un capital final. Néanmoins on ne tenait pas compte de versements complémentaires effectués au cours des années de placement, que se passe-t-il dans ce cas ?

Définition : les annuités désignent une suite de versements effectués à intervalles de temps réguliers. Le versement qui peut être annuel, mensuel, est généralement destiné à constituer un capital ou à rembourser une dette.

Pour simplifier les calculs, nous verrons le cas d'annuités constantes. Nous utiliserons les notations suivantes : Vn= Valeur acquise au terme, a = le montant de l'annuité, n= le nombre d'annuités, i = le taux d'intérêt.

La formule générale est la suivante : $Vn = a.[(1+i)^n-1] / i$

Exemple : on vous propose un placement sur 10 ans avec un prélèvement automatique de 200 euros par mois afin de vous constituer un patrimoine, le taux d'intérêt annuel est de 6%.

La périodicité de versement étant mensuelle, il nous faut tout d'abord ajuster le taux d'intérêt annuel (6%) sur une base mensuelle, soit 6% / 12mois = 0,5% par mois. Ensuite le nombre de mensualités sera de 10 ans * 12 mois = 120.

Le montant du capital final sera donc = $200.[(1+0,005)^{120}-1]/0,005$ = 32 775 euros, pour cela vous aurez versé en tout : 120 annuités* 200 euros = 24 000 euros.

Ici aussi nous pouvons nous poser la question inverse : combien dois-je épargner chaque mois à un taux d'intérêt et une période de temps donnée pour obtenir le capital que je désire à l'échéance du placement.

La formule inversée est la suivante : $a = (Vn.i) / [(1+i)^n-1]$

Exemple : vous désirez un capital de 100 000 euros dans 15 ans, le taux d'intérêt que l'on vous propose est de 6%,quelle somme devez-vous épargner chaque mois :

Tout d'abord, en ce qui concerne le taux d'intérêt, il correspond à 0,5% par mois (voir plus haut),les mensualités seront au nombre de 180 (soit15 ans * 12 mois).

Mensualité nécessaire = $(100\ 000 \times 0,005) / [(1+0,005)^{180}-1]$ = 344 euros.

L'ÉVALUATION DES ENTREPRISES

ANCC et traitement actif

Thème ambitieux que celui d'évaluer de manière chiffrée la valeur d'une entreprise. C'est pourtant la préoccupation principale de l'analyste qui cherchera par cette démarche à estimer la valeur théorique d'une action.

Cela lui permettra de repérer les titres sur ou sous évalués et ainsi de mieux arbitrer ses placements en fonction des espoirs de gains potentiels.

Puisque nous avons abordé les principaux aspects comptables du compte de résultat et du bilan dans les précédentes leçons, nous avons désormais toutes les armes pour pratiquer les techniques d'évaluation.

Ces dernières sont nombreuses et privilégient des approches différentes. Nous vous présenterons ici, sans être exhaustifs, une panoplie de méthodes. L'enjeu n'est pas de les utiliser toutes mais plutôt de repérer celles avec lesquelles vous serez le plus à l'aise.

Plusieurs approches

Parmi les grandes familles de méthodes d'évaluation on en distingue 2 principales :

- celles qui se fondent sur des éléments patrimoniaux, présentées dans cette première leçon.

- Celles qui ont pour objet l'actualisation ou la capitalisation, c'est à dire plus tournées vers la rentabilité et qui feront l'objet de la prochaine fiche.

I - Les méthodes patrimoniales

Si les méthodes privilégiant la vision patrimoniale sont les plus utilisées, cela tient au fait que leur mise en œuvre est simple et assez rapide. Leur objet est de dégager la valeur d'une entreprise en fonction de ses éléments patrimoniaux tels qu'on les retrouve au bilan.

I-1 L'actif net comptable corrigé (ANCC)

Dans cette méthode il s'agit principalement de retraiter les actifs et les dettes de la société pour les ramener le plus près possible de leur valeur réelle et ainsi dégager par soustraction la valeur de l'entreprise à un instant t.

ANCC = somme corrigée des actifs - somme corrigée des dettes.

La réalité économique est souvent éloignée du formalisme comptable, aussi pour avoir une vision la plus précise de la valeur d'une société, il sera nécessaire de réévaluer certains postes. Les cas les plus courants sont constitués par des immobilisation (par exemple des immeubles) dont la valorisation qui figure au bilan est éloignée de leur valeur de marché ou des stocks qui se sont dépréciés, etc.

Tout d'abord nous ne sélectionnerons pas tous les postes du bilan pour nos opérations, nous éliminerons certaines parties.

Traitement de l'actif

Lors de la comptabilisation de l'actif d'une société nous soustrairons de cette masse, les non valeurs telles que les frais d'établissement ou les charges à répartir. Ensuite il nous appartiendra de réévaluer les biens en fonction de leur valeur de marché : vérifier la valeur réelle des immobilisations, la valeur des stocks. Une fois que ces valeurs auront été déterminées nous auront une valeur qui colle à la réalité.

Traitement du passif

En ce qui concerne le passif, seront retenus pour le calcul des dettes: les provisions, les dettes financières, les dettes d'exploitation et hors exploitation. Les capitaux propres seront laissés de côté, nous inclurons juste dans les dettes, si le cas se présente, le montant des dividendes à verser.

De même lors du retraitement nous corrigerons les montants respectifs : dettes sous estimées, etc.

Exemple :

A partir du bilan fictif suivant nous allons calculer la valeur de la société.

ACTIF			PASSIF	
	Brut	Montant net		Montant net
Immobilisations incorporelles Frais d'établissement Immobilisations corporelles Immobilisations financières	600 000	60 000 5 000 400 000 50 000	Capital Réserves Résultats Provisions réglementées	340 000 85 000 50 000 30 000
Stocks	150 000	120 000	Provisions pour charges	70 000
Clients	500 000	450 000	Dettes financières	50 000
Charges à répartir		15 000	Dettes d'exploitation	480 000
Disponibilités		30 000	Dettes hors exploitation	25 000
Totaux		1 130 000		1 130 000

Comme élément complémentaire nous savons que la société a 25 000 euros de dividendes à verser

L'ACTIF NET COMPTABLE (ANC)

L'actif net comptable reprend le même principe de calcul que l'ANCC, la seule différence étant qu'aucune correction sur les valeurs figurant au bilan n'est effectué.

- Actif : 1 130 000 - 5 000 (frais d'établissement)
- 15 000 (charges à répartir)

= 1 110 000

- Dettes : 70 000 (provisions pour charges) + 50 000 (dettes financières) + 480 000 (dettes d'exploitation) + 25 000 (dettes hors exploitation) - 25 000 (dividendes à verser)

= 600 000

L'actif net comptable est donc égal à 1 110 000 - 600 000 = 510 000 euros.

En cas d'arrêt de l'activité de la société, c'est la somme qui resterait à partager entre tous les actionnaires.

b) de l'ANC à l'ANCC (corrigé)

Maintenant nous poursuivons cet exemple en passant aux corrections nécessaires afin de s'approcher le plus possible d'une réalité économique tangible, voici les éléments dont nous disposons :

- Les immobilisations corporelles sont constituées d'un immeuble, or il s'avère que compte-tenu de l'évolution du marché, son prix de cession est supérieur d'au moins 30%.

- Les stocks comprennent de nombreux produits périmés et de plus certaines matières premières ont vu leur cours chuter, la réalité impose que nous les minorions de 25%.

- Enfin les dettes d'exploitation ressortent à un niveau réel diminué de 5% par rapport à la valeur comptable.

Forts de ces nouveaux éléments nous allons pouvoir calculer notre actif net comptable corrigé :

Actif = 1 110 000 + 400 000 * 30% (immob. corporelles) - 120 000 * 25% (stocks)

= 1 200 000 euros

Dettes = 600 000 - 480 000 * 5%

= 575 750 euros

ANCC = 1 200 000 - 575 750 = 624 250 euros

Au final la vision la plus réaliste de la valeur à "la casse" de la société ressort supérieure de 22,4% à la première approche de l'actif net comptable. Pour obtenir la valorisation théorique d'une action il suffira alors de diviser la valeur obtenue par le nombre d'actions composant le capital.

Conclusion

Nous venons de le voir, le principal avantage de la méthode est sa simplicité. Un bilan suffit pour calculer l'ANC, et pour calculer les corrections de l'ANCC nous disposons d'une batterie d'indicateurs : prix des matières premières, loyers et prix de ventes moyens, etc. qui nous permettent d'ajuster nos mesures.

Le seul désavantage de ces méthodes est justement leur vision patrimoniale qui reste figée à la photographie donnée par le bilan. L'évaluation est plutôt à visée "liquidative" (arrêt de la société) et ne tient pas compte de la rentabilité future de la société.

Les cours de bourse suivant un mécanisme d'anticipation, ils intègrent pour partie les éléments futurs, d'où la limitation de cette méthode. Elle sera donc principalement utilisée pour calculer la "valeur à la casse" d'une société, soit le plancher de valorisation, il est évident qu'une société dont les actions coteraient sous cette valeur se trouverait sous évaluée.

Dans la prochaine fiche nous aborderons les méthodes qui sont basées sur la rentabilité et les flux financiers futurs appréhendant mieux le principe de continuité de l'exploitation.

L'ÉVALUATION DES ENTREPRISES

Partie 2

Nous avions étudié dans la leçon précédente, les **méthodes patrimoniales d'évaluation des entreprises**. Nous avions vu que leur mise en oeuvre était facile, néanmoins la médaille avait un revers de taille, leur aspect figé.

Ces méthodes qui se basent sur des éléments passés (compte de résultat, bilan...) ne sont pas pleinement adaptées à la valorisation de sociétés de plus en plus réactives et donc les structures évoluent rapidement.

Les méthodes d'actualisation que nous verrons dans cette fiche, sont elles, tournées vers le futur.

Le concept de base de ces méthodes est de considérer que le cours actuel d'une action n'est que l'actualisation des flux des revenus futurs attendus pour l'action. Ces flux de revenus futurs ne sont rien d'autres que les dividendes.

La méthode de Gordon et Shapiro

Un modèle d'actualisation des actions particulièrement connu est celui de Gordon et Shapiro, il porte le nom de ses auteurs et a été mis au point en 1956.

Ce modèle, dit aussi de "croissance perpétuelle", ne tient pas compte des plus-values. En effet, il considère que lorsque le flux de dividendes est perpétuel (c'est à dire qu'il tend vers l'infini), la plus value n'a pas d'incidence sur l'évaluation de l'action.

Formule de Gordon et Shapiro : $P_0 = D / (Kc - g)$

P_0 = valeur théorique de l'action

D = dividende anticipé de la première période

Kc = Taux de rendement attendu pour l'actionnaire

g = Taux de croissance des dividendes

Le calcul de "g"

Pour déterminer le taux de croissance des dividendes, nous utiliserons deux observations :

- les données historiques de l'action.

- les prévisions des analystes sur les futurs dividendes.

<u>Remarque</u> : "Kc" doit être supérieur à "g" pour que le modèle fonctionne. Autrement dit, le taux de rendement attendu par les actionnaires doit être supérieur aux taux de croissance des dividendes.

Exemple 1:

Soit la société Alpha, les investisseurs estiment que ses résultats ainsi que son dividende devrait doubler en l'espace de 5 ans. La rentabilité exigée par les actionnaires est de 20% et le **dernier dividende** versé est de 5 euros par action.

Nous allons commencer par calculer "g", le taux de croissance du dividende :

Soit D_0, le dividende actuel et D_1, le dividende dans 5 ans, comme le dividende doit doubler dans 5 ans : $D_1 = 2*D_0$. Nous pouvons poser l'équation suivante :

$$D_0*(1+g)^5 = D_1$$
$$\text{soit } D_0*(1+g)^5 = 2*D_0$$
$$\text{soit } (1+g)^5 = 2$$
$$\text{qui devient } g = 2^{1/5} - 1 = 0{,}1487$$

Le taux de croissance des dividendes est donc égal à 14,87% pour les 5 prochaines années. Nous faisons l'hypothèse que ce taux de croissance est perpétuel afin d'appliquer la formule de Gordon et Shapiro.

La valorisation théorique de l'action suivant la formule de Gordon et Shapiro sera donc :

$$P_0 = 5 / (0{,}20 - 0{,}1487) = 97{,}46 \text{ euros.}$$

Utilisation pour comparer
des actions entre elles

Une façon plus intéressante d'utiliser le modèle est de mener des comparaisons entre actions. La méthode sera d'autant plus valable que la comparaison sera effectuée entre des entreprises comparables en terme de secteurs. Prenons un exemple pour bien comprendre :

Exemple 2:

Soit trois sociétés, A, B et C. Pour chacune d'elles nous avons collecté les données suivantes. Nous avons aussi calculé "g", le taux de croissance des dividendes, au préalable.

	Cours de l'action (P_0)	Dividende (D)	BNPA	g
Société A	25	2	3	5%
Société B	70	6	8	6%
Société C	300	15	25	5,5%

Afin d'avoir une première idée de la valorisation de ses trois sociétés les unes par rapport aux autres, nous pouvons appliquer la méthode des PER. Pour mémoire, le PER est le rapport entre le cours de l'action et le bénéfice net par action BNPA.

	PER
Société A	8,3
Société B	8,7
Société C	12

Plus le PER est élevé, plus la valeur est considérée comme chère. Dans cet exemple, c'est la société A qui apparaît comme la moins bien valorisée , alors que C est la plus chère.

Passons à présent au modèle de Gordon et Shapiro, son côté dynamique et axé sur les dividendes futurs, nous permettra peut être de mettre en lumière d'autres éléments.

La formule initiale nous propose : $P_0 = D / (Kc - g)$

En la remaniant on obtient la forme suivante : $Kc = g + (D / P_0)$ appliquons là à nos trois sociétés avec les données du tableau.

	Kc	Kc
Société A	5% + (2 / 25)	13%
Société B	6% + (6 / 70)	14,6%
Société C	5,5% + (15 / 300)	10,5%

A la lumière du taux de rentabilité, il apparaît que c'est la société

B qui possède le profil le plus intéressant. Étant très proche en terme de PER de la société A, nous aurons tendance à préférer cet investissement dans une optique de moyen-long terme.

Conclusion

Dans le modèle de Gordon et Shapiro, on part du postulat que les dividendes vont croître indéfiniment à un taux de croissance constant. Ceci introduit par conséquent des limites au modèle. En effet, il est très rare que ce taux puisse être constant, tout du moins à l'infini.

Par ailleurs, la formule ne reste valable qu'à nombre d'actions constant. Dans le cas contraire (très fréquent) il faudra réajuster nos données.

Le modèle a cependant pour lui l'avantage de la simplicité, il est donc largement répandu dans les milieux financiers. Néanmoins, il repose sur des hypothèses figées et restrictives et devra être pondéré dans l'exploitation de ses résultats.

Il nous permettra de mettre en lumière des différences dans la valorisation des actions, il ne sera jamais utilisé seul mais en complément d'une autre analyse.

Printed in Poland
by Amazon Fulfillment
Poland Sp. z o.o., Wrocław
27 August 2023

fa5096d0-e3de-46ed-b53b-262429302e43R01